Oratio De Ratione Romanorum Litteras Docendi

Georgius Stephanus Wiesand

In the interest of creating a more extensive selection of rare historical book reprints, we have chosen to reproduce this title even though it may possibly have occasional imperfections such as missing and blurred pages, missing text, poor pictures, markings, dark backgrounds and other reproduction issues beyond our control. Because this work is culturally important, we have made it available as a part of our commitment to protecting, preserving and promoting the world's literature. Thank you for your understanding.

ORATIO

DE RATIONE ROMANORVM LITTERAS DOCEND

QVAM
IN SOLLEMNI ILLVSTRIS
SOCIETATIS LATINAE
QVAE IENAE FLORET
CONVENTV
VT
IVRA LOCVMQVE SODALI
RITE CONSEQVERETVR
HABVIT
GEORG. STEPHAN. WIESAND
VOHENSTRVSO - PALATINVS
ARTIVMQVE INGENVARVM CVLTOR

IENAE
EXCVD. IO. FRID. SCHILL
CIƆIƆCCLV

LECTORI BENEVOLO
S. P. D
GE. ST. WIESANDIVS

Ex quo tempore litterarum studia pristino splendori restitui cœperunt, viri ingenio nobili præditi operam studiumque suum in emendandis veterum monimentis collocarunt. Quem fugiunt orbis

eruditi

eruditi lumina, MANVTII, TVRNEBI, STEPHANI, MORELLI, BEROALDI, ERASMI, qui tot praeclaros Graeciae Latiique scriptores in medium protulerunt? Quum vero hi disciplinarum restauratores multa in priscis libris legerent, quorum ratio a rebus priscis est arcessenda, in primis illis Romanorum ritibus indagandis multum temporis consumserunt. Quorum egregia industria multas res antea nemini perspectas expliquit scriptisque eas mandauit. Quamuis vero multi recentiorum, quorum nomina omnibus fuit cognita, eamdem sint viam ingressi reipublicaeque litterariae salutem haud parum auxerint, magnam tamen adhuc rituum partem nobis minus esse notam,

notam, omnes, qui ex his litteris voluptatem capiunt, ingenue fatentur. Qua de re ego mihi haud operam perdidisse videor, si rationem, quam Romani in iuuentute erudienda fequuti sunt, pluribus exponam. Summos quidem viros, WOWERIOS, CONRINGIOS, CELLARIOS, BVDDEOS, FALSTEROS, WALCHIOS, quos omnes in commentatione laudaui, eamdem rem esse perscrutatos, probe teneo; neutiquam tamen infitior, me passim varia haud inutilia, scitu certe iucundissima, ipsis veterum ingenii monimentis perlectis, inuenisse, a laudatis doctissimis viris vel praetermissa; vel saltem non, vti par erat, explicata; vel non satis idoneis testimoniis confirmata. Summa, qua me SOCIETAS ILLVSTRIS recitantem est profequuta, beneuolentia, animum ad hanc qualemcumque commentationem, typis committendam, excitauit. Vale, LECTOR BENEVOLE, meisque conatibus faue.

MAGNIFICE
ACADEMIAE PRORECTOR
ILLVSTRIS SOCIETATIS LATINAE
DIRECTOR EXCELLENTISSIME
EPHORE CONSVLTISSIME
VIRI
EXCELLENTISSIMI, CONSVLTISSIME
AMPLISSIME CLARISSIMI GENEROSISSIMI
NOBILISSIMI DOCTISSIMI
AVDITORES PRAESTANTISSIMI

TANTA fuit romani imperii dignitas, tantaque gloria ciues Romæ floruerunt, vt illorum res gestas nulla vnquam sit obscuratura obliuio. Vix Romæ fundamenta iacta erant, quum multi, illam gentium

arcem

arcem populorumque caput fore, prædicerent. Omnes enim Romæ reges, si a Numa Pompilio discesseris, Romanos belli artibus instruxerunt. Idcirco Latii incolæ omnes fere gentes præliis fuderunt populosque multitudine innumerabiles eosdemque fortissimos in potestatem suam redegerunt. Quid? quod nullus pæne, qui manum cum illis conseruit, populus ex acie victor discessit. Plurimis ea de re laudibus Roma cumulata est, quæ si repeterentur, lectoribus tædium crearent *a*). Maximus quoque terror vel gentium longis-

---

a) multa illarum FRANCISCVS SCHOTTVS *itinerario Italiæ* p. 4. congessit. AMMIANVS MARCELLINVS *libr.* XIIII. *rer. gest.* p. 11. illam *virtutum omnium domicilium et vrbem æternam* vocat. Ipsi enim prisci scriptores magnitudinem, ad quam Roma, paucorum annorum interuallo, peruenit, mirari satis haud potuerunt. Euoluatur *præfatio* EVTROPII *historiæ romanæ* præmissa. De antiqua Romæ magnitudine consulatur ISAAC VOSSIVS *libr. variar. obseruat. cap.* 1. Vt vero rem græci quoque scriptoris testimonio confirmemus, adferre libet testimonium ex ATHENAEI *libr.* 1. *dipnosophist. cap.* 17. Οὐκ ἄν τις σκοποῦ πόρρω τοξεύοι, λέγων τὴν Ῥωμαίων πόλιν ἐπιτομὴν τῆς οἰκουμένης, ἐν ᾗ συνιδεῖν ἔστιν οὕτως πάσας τὰς πόλεις ἱδρυμένας, καὶ κατ᾽ ἰδίαν δὲ τὰς πολλάς. a scopo non procul est iaculaturus et aberraturus, qui vrbem Romam esse totius orbis compendium asseruerit, ciuitates nimirum in vniuersum omnes exstructas intra se complexam, articulatim multas, quas licet agnoscere.

longiffime a Roma remotarum animos peruafit. Tandem vero illa vrbs ad faftigium euecta eft, quo vix vllum maius fingi; aut excogitari poteft. Quod fi vero ad italam gentem refpicimus, eam duabus artibus tantam nominis famam effe adfequutam, facile perfpicimus. Rei enim militaris peritia artiumque liberalium difciplinis romani tot regiones fuis terris adiecerunt, finesque imperii in dies latius protulerunt. Non eft, quod eorum duces omnium laudibus celebratos, Marcellos, Metellos, Camillos, Scipiones, Pompeios Caefaresque, qui nomina fuae immortalitati confecrarunt, in memoriam reuocemus. Quamuis vero romani fecundis praeliis plurimum debeant, tamen doctrinarum quoque ftudiis multa accepta referunt. Liberalibus enim artibus dediti, vim iudicii acuerunt confiliaque aftuta de exercitu hoftium repellendo, inierunt, id quod fatis ex Caefaris praeclaro exemplo patet. Operae igitur pretium mihi facturus effe videor, fi de romanorum ratione litteras tradendi quaedam memoria digna proferam. Conftitui vero mecum rationem litteras docendi quam magiftri in fcholis Romae fequuti funt, commemorare. At viri quorum nomina fplendidiffima funt pofteris commendata,

data, WOWERI, b) CONRINGII c) GELLARII, d) KRIEGKII, e) FALSTERI, f) WALCHII, g) multa de liberalibus Romae studiis e monumentis vetustis eruerunt inque lucem protulerunt. Quid igitur est, quod ego, qui neque iudicio neque nominis gloria cum illis sum comparandus, quidquam de eadem re auribus vestris obtrudam? Ego vero neminem adeo rerum expertem esse puto, qui hos viros, quos honoris caussa nomino, omnia, quaecunque de hoc argumento ex scriptoribus romanis colligi possunt, esse scriptis complexos, arbitretur. Nihil enim est omnibus numeris absolutum, praesertim in rebus, quae ad veterum ritus refe-

---

b) *de polymathia.*

c) *in antiquitatibus academicis.* Sed hic rationem litteras discendi haud attigit, sed scholas cum in vrbe tum in prouinciis exstructas summo studio adduxit.

d) *in dissertatione de studiis romanorum litterariis in vrbe et prouinciis.* Hic varia disciplinarum genera recensuit et qua ratione illa a romanis coli coeperint, pluribus docuit.

e) *in dissertatione de peregrinationibus Romanorum academicis.* Ienae cIↃIↃCCIIII.

f) *in quaestionibus romanis.*

g) vir, nostra laude multo maior, IOANNES GEORG. WALCHIVS *commentationem longe elegantissimam de variis modis colendi litteras apud Romanos parergis academicis* inseruit. Celeberrimus quoque C. F. WALCHIVS duas tersas sane *dissertationes de scholis romanorum priuatis et publicis* Ienae cIↃIↃCC XXXXVIII in lucem emisit.

referuntur. Qua de re ego, tot ac talium virorum auctoritate non impedior, quo minus ea, quae ipfe in fcriptoribus prifcis legi, in medium proferam. TVAE vero, SOCIETAS ILLVSTRIS, acri iudicio hanc orationem fubiicio TEQVE vt illam benigne attenteque audias, rogo obfecroque.

MAGNAM fibi Roma gloriam prius conciliarat, quam elegantioribus litteris locus relinqueretur. Omnes enim, quae hanc vrbem cingebant, gentes inuidia adductae, arma capiebant, Romam funditus tollere gentemque italam bellis opprimere ftudebant. Quam ob rem vix tantum his otii relictum erat, quantum puero, fcripturae elementis inftituendo, dandum eft. Quum vero gens Romana iam ex Italiae finibus difcederet: exteros populos bellis lacefferet eosque fub iugum mitteret, artes quoque ingenuae Romam ingreffae funt fedemque in ea ftabilem fixerunt. *h*) Romani,

dulce-

---

h) in primis Graeci, bellis victi, Romae ciues litterarum difciplinis imbuere. Qua vero ratione difciplinae ad Romanos peruenerint I. G. FRICKIVS in *differtatione*, quae infcribitur, *initia eruditionis apud Romanos Alterfii* CIƆDCCXXVIII habita, dulcedine quadam litterarum commoti, liberis suis prospiciebant *i*) eosque hominibus *k*) qui paedagogi appellabantur, tradebant. Hi puerorum custodes, adolescentulis, quorum cura illis commissa fuit, viam, quae ad virtutem ducebat, monstrabant, sermonem vitiis inquinatum emendabant, litterisque pueros instituebant. *l*)

LAVDE profecto dignissimus hic Romanorum mos erat, qui virtutis rationem habebat. Mores enim honestos prae ceteris homini, qui studium in eximiis artibus addiscendis ponit, conuenire, iure meritoque existimabant. Quod si vero liberi rationem litteras

pro-

ta, exposuit. Adiicio locum LIVII, qui reperitur *Libr. XXXVIIII. cap. 8. Graecus ignobilis in Etruriam primum renit, nulla cum arte earum, quas multas ad animorum corporumque cultum nobis eruditissima omnium gens inuexit.*

i) id quod sexcenta scriptorum loca declarant. Vnicum Attici exemplum, quod NEPOS in illius vita scriptum reliquit, id satis testatur. Pluribus hoc argumentum CONRAD. BVDDE *in dissertatione de studiis liberalibus apud veteres Romanos p. 8.* persequutus est.

k) De his RAPPOLTVS *in* HORAT. *commentar.* p. 136. nonnulla tradit. Apud Faliscos quoque, teste LIVIO, *libr. III. hist. Rom. cap. 44. mos erat eodem magistro liberorum et comite vti.*

l) vide QVINTIL. *libr. I. cap. 1. institutionibus oratoriis.*

pronunciandi easdemque legendo coniungendi comprehendiffent, illi a parentibus in ludos ablegabantur. *m*) Satis enim perfpectum cognitumque habebant, eo magis adolefcentulorum mentes ad litterarum ftudia perdifcenda excitari, quo plures in fcholis vna artibus ftudent. Pueri a feruis in ludos litterarios deducebantur. *n*) Tanto vero Romani amore litteras elegantiores funt profequuti, vt vel filias fuas ad eas colendas adhortarentur. Hinc in veterum, quæ nobis tempus referuauit, monumentis, puellulas quoque ludis interfuiffe, relatum legimus. *o*)

PRES-

m) PLINIVS *libr. III. epift. 3.* id probat, dum hæc fcribit: *iam ftudia eius extra limen proferenda funt, iam circumfpiciendus rhetor latinus, cuius fcholæ feueritas, pudor in primis, caftitas conftet.* Ex quo loco, illos quoque fæpius domi magnos progreffus in litteris feciffe, fatis patet.

n) id quod teftantur TERENTIVS *in Phormion. act.* I. *fcen.* 2. v. 35. *reftabat aliud nihil,* loquitur vero Geta feruus, *nifi oculos pafcere, fectari, in ludum ducere et reducere* et SVETONIVS *de illuftrib. grammatic. cap. 23.* Iuuat huius verba adfcribere, quæ ita leguntur: *herilem filium dum comitatur,* Palæmon *vema* fcilicet, *in fcholis litteras didicit.* Ex PETRONII vero *fatyrico* c. 85. perfpicimus, pueros quoque, qui iam virilem ætatem attigerant, in gymnafia effe deductos. Ibi enim feruus fic loquitur: *iam ergo cæperam ephebum in gymnafium deducere,* gloffator vero, hoc pædagogorum officium fuiffe, annotat.

o) LIVIVS *lib.* III. *c.* 44. mentionem facit *virginis venientis*

PRESSO veluti pede filios Romanorum, litterarios ludos ineuntes fequuti fumus. Quae vero fuerit fcholarum ratio et quibus negotiis tempus in illis fit confumtum, iam maiori ftudio confideremus. Scholam ingredimur puerosque in diuerfos effe ordines diftributos, cernimus. *p*) Quorum nonnulli in præceptis, quibus fermo Romanus nititur, addifcendis verfantur, alii vero voculas præfcriptas calamo pingunt. *q*) Præfectis eorum vero litteratorum, magiftrorum primorum aliaque honorum nomina effe tributa, WOVVERIVS pulcre docuit. *r*) Hi ludorum magiftri fellis mi-

tis *in forum.* Addit vero: *ibi namque in tabernis litterarum ludi erant.* TERENTIVS *Hecyr.* act. 11. fcen. 1. 4, 6, 7. *in eodem omnes mihi videntur ludo docta ad malitiam et ei ludo, fi vllus eft, magiftram hanc effe, fatis certo fcio.* Hunc morem vero romanorum proprium fuiffe, ISAAC CASAVBONVS ad DIOG. LAERTIVM p. 57. *in* edition. *Wetften.* docuit.

p) QVINTILIANVS. libr. 1. inftit. orator. cap. 2. *Non inutile* *fcio a praeceptoribus meis feruatum effe morem, qui, cum pueros in claffes diftribuerarit, ordinem dicendi fecundum vires ingenii dabant et in fuperiore loco quisque declamabant, vt præcedere profectu videbatur.*

q) in his ludorum magiftri occupati fuerunt. Quam ob rem QVINTILIANVS libr. 1. cap. 4. *litterarii pæne ifta funt ludi et triuialis fcientia.*

r) *de polymath.* c. 4.

minus altis insidebant *s*) puerisque vt se maiori studio litteris darent, crustula donabant. *t*) Quodsi vero pueri praecepta necessaria romani graecique sermonis memoriae mandassent, initium scriptores legendi a diuino HOMERO capiebant. *u*) Interfuerunt praeterea scholis praeceptores, qui secundum ab antistite magistrorum locum occupabant. *x*)

---

s) CICERO *libr.* VIIII. *epist.* 18. *ad diuerf. Sella tibi erit in ludo.* PLAVTVS *in Bacchid* act. III scen. 3428 *vbi venisses domum cincticulo praecinctus in sella apud magistrum assideres.* PRVDENTIVS id quoque confirmat. Nam *hymn.* XII. 42. peristephan. ita scribit. *praefuerat studiis puerilibus et grege multo septus magister litterarum federat.* Ea de caussa statua ORBILII, teste SVETONIO, *de illustrib. grammatic.* c. 9. *Beneuenti marmorea habitu, sedentis ac palliati ponebatur.*

t) HORATIVS hunc morem adfert *libr.* I. *satir.* I. *Vt pueris olim dant crustula blandi doctores elementa vt velint discere prima.*

u) id quod verbis QVINTILIANI *libr.* I. *cap.* 8 confirmamus: *ideoque optime institutum est, vt ab Homero atque Virgilio lectio inciperet.* PLINIVS *libr.* II. *ep.* 14. *sic in foro,* dicit *pueros a centumuiralibus caussis auspicari, vt ab Homero in scholis.*

x) qui hypodidascali seu proscholi vocati sunt. CICERO *libr.* VIIII. *epist.* 18. *Sella tibi erit in ludo tanquam hypodidascalo, proxima, eam puluinus sequetur.* AVSONIVS, qui p. 184. *in edit. Toll.* VICTORIVM commemorat, illi *subdoctoris seu proscholi* nomen tribuit, ad quem locum IOS. SCALIGERVM euolue. In PETRONII *satyric.* cap. 81. glossa scholarium per proscholum explicat.

ex his, quanta beneuolentia magistri sint pueros complexi, satis perspeximus. Quum vero ea sit iuuentutis indoles, vt illa saepius vitiis indulgeat dictisque praeceptorum honestis minus morem gerat, illius licentia haud toleranda poenis coercetur. Idem apud Romanos vsu venisse, nemo ignorat. Nam scholae, teste AVSONIO, *y*) saepius verberibus personabant.

GRAMMATICI, qui ludis praeerant litterariis,
scripto-

---

y) Libet elegantes huius poetae versus adducere. Ita vero canit *in protreptico ad Nepotem v. 24. et sqq.*

Tu quoque ne metuas, quamuis schola verbere multo,
Increpet, et truculenta senex gerat ora magister.
Degeneres animos timor arguit, at tibi consta
Intrepidus, nec te clamor plagaeque sonantes,
Nec matutinas agitet formido sub horas,
Quod sceptrum vibrum ferula, quod multa supellex,
Virgea, quod fallax scuticam praetexit aluta:
Quod feruent trepido subsellia vestra tumultu.

QVINCTILIANVS *libr.* I. *c.* 3. *caedi discentes, quanquam et receptum sit et Chrysippus non improbet*, minime vult. Omitto Orbilium, *plagosi* nomen consequutum. Ex his igitur satis patet, adolescentulos improbos scutica, virgis aliisque flagellis esse caesos, quo eorum audacia effrenata coerceretur. Confer, CREBOLLII *theatrum rhetor. libr.* V. *cap.* 6.

scriptores graecos latinosque interpretabantur, loca, quae obscuritate laborabant mendisque turpibus scatebant, explicabant atque emendabant. Hoc vero munus grammaticis esse delatum, praeter innumeros, testatur QVINTILIANVS. z) Maximum vero inter grammaticam et grammatisticam discrimen intercessit, id quod VOSSIVS a) et VVOVVERIVS b) pluribus declarant. Quum vero grammaticorum erat, versus poetarum spurios a germanis discernere censoriaque virgula libros, qui minus verum prae se ferebant auctorem, notare, c) magnus illis a Romanis honor habitus est. Quam ob rem prae ceteris *magistri* nomine condecorabantur. d) Hoc vero honoris nomen illis imponeba-

---

z) QVINCTILIANVS libr. I. cap. 4: *Haec igitur professio cum breuissime in duas partes diuidatur; recte loquendi scientiam et poetarum enarrationem, plus habet in recessu, quam in fronte permittit.* Et paullo post: *nec poetas legisse satis est, excutiendum omne scriptorum genus, non propter historias modo, sed verba, quae frequenter ius ab auctoribus sumunt.* Et cap. 2. *grammaticus quoque de ratione loquendi, si disserat, quaestiones explicet historias exponat, poemata enarret, tot illa discent, quod audient.*

a) in libro, qui *de quatuor artibus popularibus* inscribitur, in quo grammatistica locum primum occupat.

b) *de polymath. cap.* 4. *n.* 4.

c) QVINTILIANVS est loco adducto consulendus.

d) PETRONIVS *satyric. cap.* 53.

nebatur, qui ad munera publica satis idonei videbantur.

HAEC omnia, quae hactenus diximus, non solum ad priuatas, sed et publica auctoritate exstructas scholas referri possunt. Quarum pergulae, vti vocantur, magistrales in primis celebres fuerunt. Quae vero illorum fuerit ratio, TV WALCHI, elegantiorum litterarum stator praeclare, satis explicasti. *e*)

HAC ratione iuuenes Romanorum annos pueriles consumebant. Quod si vero hi grammaticorum prae-

cep-

---

53. *rogo, inquit, magister, quid putas, inter* CICERONEM *et* PVBLIVM *interesse.* GELLIVS *noct. attic. libr.* XVIIII. *cap.* 10. *Itane, inquit, magister?* PLINIVS *libr.* VIII. *epist.* 7. *neque vt magistro magister, neque vt discipulo discipulus, sed vt discipulo magister (nam tu magister, ego contra: atque in scholam reuocas, ego adhuc Saturnalia extendo) librum mississti. His magistris cathedrae quoque in scholis erigebantur.* AVSONIVS

p. 168. *in edit. Tollian. Litteris tantum titulus assequutus, Quantus exili satis est cathedra, Posset insertus numero vt videri Grammaticorum,* et p. 167. *in commemoratione* IVCVNDI *grammatici canit: Et te, quem cathedram temere vsurpasse, loquuntur. Nomen grammatici, nec meruisse putant.*

e) *in dissertatione elegantissima,* quam C. F. WALCHIVS, Ienae 1748. 4. *in lucem edidit.*

ceptis erant imbuti, ad viros, qui aliis dicendi copia multum praestabant, accesserunt, a quorum latere vix vnquam discesserunt. Hi iuuenibus multas res, de quibus apte ornateque dissererent, proponebant, eosque vt Graecorum monimenta in sermonem patrium conuerterent adhortabantur. *f*) Prae ceteris tamen illorum diligentia in suasoriis et controuersiis versabatur. *g*) Rhetoris erat, iuuentutem eloquentiae prae-

ceptis

---

f) Adi sis c. BVDDE *dissertat. laudatam*, p. 24. Ipse romanae eloquentiae parens eiusmodi ludum aperuit. Nam libr. VIIII. *epist.* 18. *ad diuers.* initio dicit, *se esse otiosum in Tusculano, propterea, quod discipulos obuiam misit.* et *epist.* 20: *Veniunt, qui me audiunt, quasi doctum hominem, quia paullo sum, quam ipsi, doctior.* Magnam de hac re litem inter Philelphum et grammaticum quemdam exortam esse, ALEXANDER ab ALEXANDR. *genialibus diebus libr.* I. *cap.* 23. memoriae prodidit.

g) confer FALSTERI *quaestiones romanas* p. 162. Rhetores vero romani more oratorum omnia collegerunt argumenta, vt hominum mentes flecterent. Bene igitur ARISTOTELES libr. I. cap. I. *rhetoricor.* ὅτι οὐ τὸ πεῖσαι ἔργον αὐτῆς, scilicet rhetoricae, ἀλλὰ τὸ ἰδεῖν τὰ ὑπάρχοντα πιθανὰ περὶ ἕκαστον, καθάπερ καὶ ἐν ταῖς ἄλλαις τέχναις πάσαις οὐκ ἔστιν ἔργον ipsius esse non vtique persuadere, sed videre omnia, quae in quaque re insunt, apta ad persuadendum, quemadmodum et in aliis omnibus artibus. MARIVS VICTORINVS p. 80. *in collectione veterum rhetorum Pithoeana illum esse, dicit, rhetorem, qui docet litteras atque artis traditor est eloquentiae.*

Lonceptis instruerent, non vero solis declamationibus operam nauare. Sed iam QVINTILIANVS eos, quod solam declamandi artem doceant, reprehensione dignos esse, existimauit. *h*) Partes enim rhetorum grammatici sibi vindicabant, quod hi olim munere opificum dicendi functi essent. *i*) Hi sermonis artifices, qui omne vitae tempus in declamationibus consumserunt, scholastici appellati sunt. *k*) Controuersias quoque

ab

Longe vero orator ab rhetore differt. Nam MAR. VICTORINVS *loc. excit.* illum in oratorum numerum refert, *qui in caussis priuatis ac publicis perfecta utitur eloquentia.* CVRIVS FORTVNATIANVS *libr. I. rhetoric. scholastic.* recte putat, *oratoris finem esse perfuadere, quatenus rerum et personarum conditio patiatur.* Discrimen, quod rhetorem ab oratore seiunxit, GERHARD VOSSIVS *in libro de rhetorices natura et constitutione* p. 19. exposuit. His adnumerandi sunt Sophistae, de quibus legi meretur LVDOVICVS CRESOLLIVS *initium theatr. rhetor.*
h) libr. II. c.

i) SVETONIVS *de illustribus grammat. cap.* 4.: *veteres grammatici et rhetoricam docebant.*

k) multum scholastici a scholaribus differunt. Hi enim scholis militaribus adscripti erant, quod bene FRID. LINDENBROGIVS p. 158. *in observationibus* ad MARCELLINVM annotauit. Scholasticos vero declamandi arti fuisse deditos, ex sexcentis auctorum locis colligimus. Iuuat excitare locum PETRONII, qui reperitur *cap.* 6. *satyric.* Ita vero sese habet: *ingens scholasticorum turba in porticum venit, quos glossator declamatores vocat.* Videsi interpretes ab adolescentibus, quorum corona septi erant, plures postularunt et eam, quae maxime idonea videbatur, diremerunt. *l*)

MAIOREM igitur romana iuuentus operam dabat eloquentiae, quam nostri homines illi nauant. Ea quoque de caussa summos aluerunt oratores, omni sane eruditionis genere instructos, quorum praestantiam vix vllus recentiorum est assequutus. *m*) Magnum vero quoque Romanos virtuti statuisse pretium, vel ex eo patet, quod hi summo studio magistrum dicendi, integris moribus praeditum, eligebant. *n*) Qua propter multi veterum illum, qui criminibus mentem contaminat, oratoris nomen atque decus tueri haud posse, existi-

pretes in edit. Burmanni. Et PLINIVS libr. II. epist. 3. *annum sexagesimum excessit et adhuc scholasticus tantum est.*

l) lege, quae loco adlato PLINII praecedunt.

m) de veterum oratorum praestantia pluribus I. G. BERGERVS *in praefatione libri de* naturali pulcritudine orationis, praemissa, egit.

n) PLINIVS libr. III. ep. 3. *iam circumspiciendus rhetor latinus, cuius schola seueritas, pudor, in primis castitas constet.* Et paucis interiectis: *cui non praeceptor modo, sed custos etiam rectorque quaerendus est.*

exiſtimarunt. *o*) Viri dicendi periti in porticibus, quæ ſplendidiſſimis ornatæ erant columnis, declamationes ſuas ſæpius recitabant. *p*) Gymnaſia quoque adoleſcentes inierunt, vt poetas claros ſapientiæque doctores ibi recitantes atque diſputantes audirent. *q*) Omnes vero, qui iuuentutem Romanam artibus inſtruebant, diebus diis ſacris, ludos claudi iuſſerunt. *r*) Pueri quoque otii ſtudioſi, ſæpius magiſtros, vt dies quidam ſibi ad animum lætitia reficiendum concederentur, etiam atque etiam rogarunt.

MVL-

o) QVINTILIANVS *libr. I. c. 2. neque eſſe oratorem, niſi bonum virum iudico, et fieri etiam ſi poteſt, nolo.* CVR. FORTVNATVS *libr. I. artis rhetoric. ſcholaſtic. oratorem, virum bonum dicendi peritum eſſe* affirmat.

p) PETRONIVS *ſatyr. c. 3. non eſt paſſus Agamemnon, me diutius clamare in porticu, quam ipſe in ſchola ſudauerat*, vbi gloſſa: *porticus, locus, in quo declamationes fiebant.* Conſulatur ERHARDVS in edit. Burm. PLINIVS *lib. I. ep. 22. non quidem gymnaſia ſectatur, aut porticus, nec diſputationibus longis aliorum otium ſuumque delectat.*

q) PETRONIVS *c. 85. iam ego cœperam ephebum in gymnaſium deducere.* Confer FALSTERI *quæſtiones romanas* p. 193.

r) PETRONIVS *cap. 85. quia dies ſollemnis ludum arctauerat.* PRVDENTIVS *hym. XII. periſtephan. v. 75. Non petimus totiens te præceptore, negatas auare doctor, iam ſcholarum ferias.* Otium quoque illis tempore vindemiarum dabatur, id quod IOANNES a WOWER ad FELICEM p. 107. annotauit.

MVLTA adhuc fuperfunt, AVDITORES SPECTATISSIMI, quæ de his rebus ex monimentis prifcis adferre poffem, fed vereor, ne nimium veftra patientia abutar. Prius vero, quam dicendi finem facio, ego TIBI, SOCIETAS PRAESTANTISSIMA, immortales gratias ago. Tu enim me, qui neque ingenio multum valeo, nec dicendi facultate inftructus fum, dignum effe iudicafti, qui iura locumque focii obtineam. Grata, cafta piaque mente beneuolentiam, qua me exornafti, inauditam, dum fpiritum ducam, profequuturus fum. Quamuis vero mea dicendi vis haud fit tanta, vt TVVM, quo me complexa es, amorem, non dicam, fatis oratione explicare, fed modo enarrare poffim, tamen memoria fempiterna TIBI gratias habebo. Affiduis quoque precibus numen benigniffimum fatigabo, vt INDVLGENTISSIMVM PROTECTOREM, SERENISSIMVM DVCEM FRIDERICVM, TERRARVM GOTHANARVM ATQVE ALTENBVRGENSIVM HEREDEM, GENTIVM SPEM MVSARVMQVE PRAESIDIVM quam longiffimum temporis fpatium incolumem, fartum omnique a detrimento tectum conferuet. HVNC enim omnes gentes

vnum

XXIIII

vnum veluti non in his terris natum, sed de coelo delapsum intuentur atque admirantur. Sit perpetuo fauftus felixque ILLVSTRISSIMVS NOSTER PRAESES, HENRICVS VICESIMVS SEXTVS, COMES RHVTENVS. Nulla res aduersa ILLIVS mentem, eximiis dotibus præditam, turbato; nec casus vllus tristis ILLIVS felicitatem minuito. Sit in posterum beatus atque florens MAGNIFICVS NOSTRAE MVSARVM SEDIS PRORECTOR, cui omnes litteræ resque christiana plurimum debent. TVVM enim, litterarum DECVS EXIMIVM, nomen splendidum iisdem, quibus solis cursus, regionibus, continetur. Valeat omni tempore ELEGANTIORVM ARTIVM RESTAVRATOR SOLLERTISSIMVS EXCELLENTISSIMVS SOCIETATIS DIRECTOR. Fruatur semper prospero æquabilique fortunæ statu. Procul, procul ab ILLO morbi resque minus gratæ abeste. HIC enim TIBI, SOCIETAS LITTERIS AMPLIFICANDIS NATA, prospicit consiliisque, a prudentia proficiscentibus, TVAM salutem auget. HVNC ego quoque mente pia veneror. Floreat omni fortunæ genere exornatus, EXCELLENTISSIMVS EPHORVS, diuque vitam iucundam agat, vt in posterum quoque de litteris, quæ ad ius referuntur, bene mereatur. TIBI vero, SOCIETAS AMPLISSIMA, summum numen omnia, quæcunque optas, tribuat eosque TE laborum fructus percipere iubeat, quos omnes litterarum cupidos TIBI debere, arbitror.

Printed by Libri Plureos GmbH in Hamburg,
Germany